दिल-ए-दास्तां : अनमोल

अनमोल कौलधर

ISBN 979-888569839-9

क्रम-सूची

क्रम-सूची

क्रम-सूची

Pic 14

क्रम-सूची

लेखिका के बारे में

अनमोल कौलधर, पंजाब की निवासी है । वह 17 वर्षीय लेखिका है ।
वह साइंस स्ट्रीम से इंटरमीडिएट है। लॉकडाउन के दौरान 31 दिसंबर
2020 को उन्होंने लिखना शुरू किया और 1 जून 2021 को उन्होंने
अपनी पहली एंथोलॉजी में काम किया है । वर्तमान में वह 50+
एंथोलॉजी का हिस्सा हैं। वह Words of Soul Publications में
वॉलंटियर के तौर पर काम कर रही है । उनकी पहली एकल पुस्तक
Words of Soul Publications द्वारा "अनमोल के अल्फाज़" के रूप में
प्रकाशित हुई है। उनकी दूसरी किताब दिल-ए-दस्ता: अनमोल है।
"प्यार" उसका पसंदीदा विषय है। एक दिन... वो कहती है की वह पूरी
दुनिया को शानदार टैलेंट दिखाएगी।।

1. तेरे बिन

तेरे बिन हाल बेहाल,
दूरियाँ फिलहाल हैं,
तेरे साथ रहना चाहती हूँ,
मगर फिर भी न जाने कयूँ !
दूरियाँ बढ़ाती हूँ।।
फिलहाल तो कुछ खास नहीं,
किसी से मिलने की आस नहीं,
गुजर रहे है पल सदियों की तरह,
न चाहते हुए भी जी रहे है,
बस धूट सब्र के पी रहे है।
तेरे बिन हाल बेहाल हैं!
यह दूरियाँ फिलहाल हैं!

Pic 1

2. ख़ाबों ख़्यालों ने

तेरे ख़ाबों ख़्यालों ने बुराहाल किया हैं,
तेरे से दूरियों ने जीना दुस्वार किया
हैं,
होगी मुलाकात जल्द!
इस आस में जी रहें हैं,
धूट सब्र के पी रहें हैं।
तेरे ख़ाबों- ख़्यालों संग वक़्त गुजार रहें
हैं,
बस! फिलहाल तो तेरी तस्वीरें ही निहार रहें है।।

Pic 2

3. बेमतलब रिशता

मुझे हर जगह समझाने के लिए,
रूठ जाऊ तो मनाने के लिए,
मेरी हर गलती पर प्यार से समझाकर,
मेरे ही पास आने के लिए ,
और सब से हटकर किसी मतलब से नही
बेमतलब रिशता निभाने के लिए !
यूँ तो हजारों गिले सिवें कर जाती हूँ,
मगर तुमसे मिल कर सब कुछ भूल जाया करती हूँ।
तुम से एक मुलाकात के लिए मरती हैं।
तुम्हे याद कर अपना वक्त नीलाम करती हूँ।
तुम्हे देखकर खुश हो जाती हूँ।
न चाहते हुए भी मन ही मन मुस्कुराती हूँ!
तुमसे नाराज़ हो कर भी तुम्हारे ही पास आना चाहती हूँ!
कमबख्त!
मोहब्बत ही इतनी है कि हर खाबों-ख्यालों में भी तुम्हें ही पाती हूँ।

Pic 3

4. महबूब, महोब्बत, मुकम्मल

महबूब, महोब्बत, मुकम्मल
महोब्बत, न चाहते हुए भी पता नहीं क्यू हो जाती है,
और यह किसी खुशकिस्मत की पूरी हो पाती हैं।
अक्सर प्रेम कहानी अधूरी ही हुआ करती है,
कुछ आपस में यह शब्द रिश्ता बनाते हैं,
प्यार का मतलब महज यह होता है,
जिसे सोच कर ही चिहरे पर मुस्कुराहट आ जाए,
जिस के पास बैठ कर सब कुछ भूल जाया करते हैं,
अपनी दिल की बातें जिसे सुनाया करते हैं,
जो हमारे सिवा किसी और को न चाहे,
कोई ऐसा सक्षश आए,
जो हमारी सीरत से हमें चाहें,
हाँ, हम बहुत rude है, वो हमें प्यार से समझाए
जो हमारी हर बात सुने, अपनी हर बात कहे
उसे कोई और न भाये,
हमारी जिसमानी महोब्बत से मीलों की दूरियां हैं।।
ख़यालातो में ही बस रोज आते हो,
मुलाकातो मे रोज कब आओगे।।
तेरे बिन होने वाली! उदासी कब, मिटाऊगे ।।

Pic 4

5. तेरे जाने का गम

मुलाकात के बाद तुझसे वक्त का

जो गम होता है,

अवसर तेरे सामने तो चुपी में बयान होना है!

दिल बहुत रोता है, यादें आती है!

और तेरे जाने के बाद यह कमजोर सा दिल दिल को रुलाती है !

तुम से दूरियाँ सही नहीं जाती दिल में दबी बाते कहीं नहीं जाती।

इन्तज़ार रहता है ,

तुमसे मुलाकात

करने का

अपनी वो रोज़ की लड़ाई छोड़कर।

तुम से दिल की बत करने का

"खाबो- ख्यालों में रोज आते हो,

मेरे दिल का चैन चुराते हो,

मुलाकात के वक्त ! तेरे आने की खुशी,

तो तेरे जाने का गम

सताता है !

खुशनसीब है वो हर सक्षय जो तुझे, हर पल करीब पाता है!

उम्मीद है एक दिन सब की नज़रो से छुपाकर

तुम बस मेरे करीब होगे।

फिर कभी ना दूर जाने का गम होगा,

तेरा किसी और के साथ होना कम होगा ||

Pic 5

6. मेरा सुकून हो तुम..

गुस्से में रूठ जाना तेरा,
मनाना मेरा !
और हर नाराजगी के बाद !
मेरे पास वापस आना तेरा ।।
अनमोल कौलधर
तुम्हे याद भी हम करे,
तुम्हे प्यार भी हम करें,
Msg ! कर परेशान भी हम करें,
इज़हार भी हम करे,
क्यू तुम्हारी कोई मजबूरी है क्या!
अब हमारा ही सब बोलना जरूरी है क्या ???
तुम्हे एक लफ्ज़ में बयान करें ,
तो मेरा सुकून हो तुम..

Pic 6

7. तुम ही

मेरे अल्फाज़ो में,
एक तुम ही तो होते हो,
एक तुम ही हो,
जो सुबह शाम ख्यालो में सोते हो ।।

Pic 7

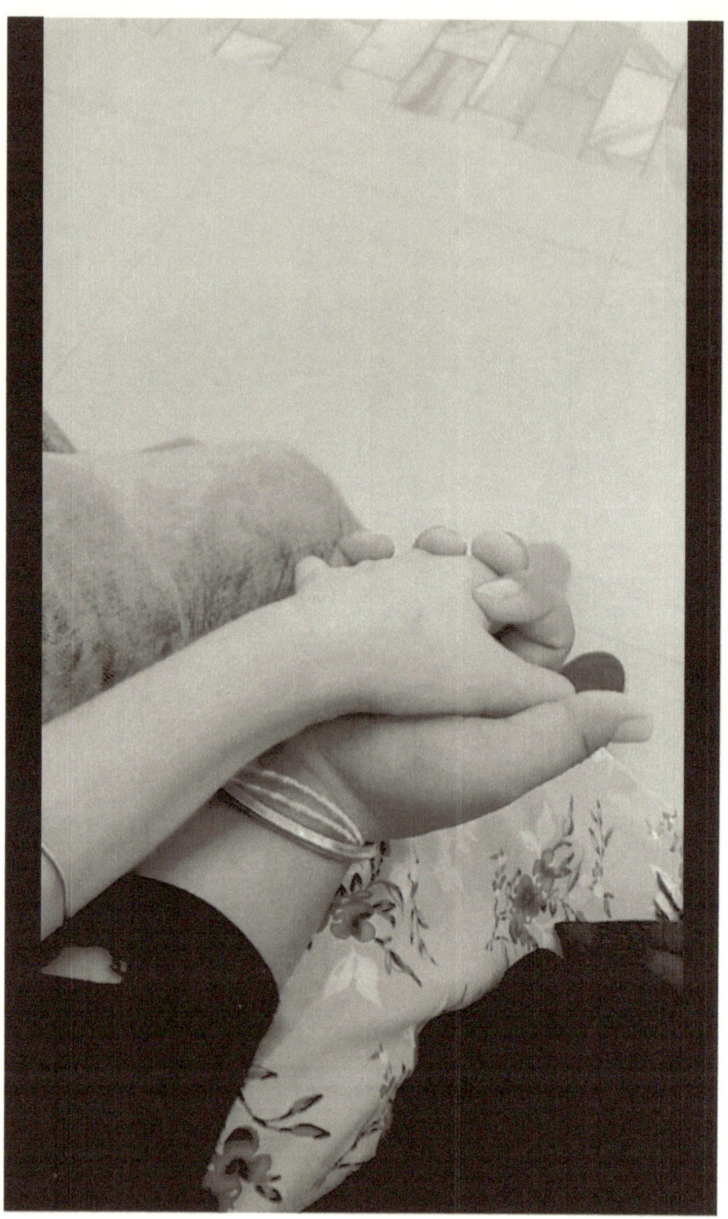

8. दिल के पास

वो दूर हो कर भी,
दिल के पास है,
बस!
एक उसकी बजह से जीने की आस है।।
तुम्हे जाहिर करू !
महोब्बत अपनी बोल कर,
जरूरी होता है ये?
तुम समझ जाओ बिन बोले मेरे,
और !
तेरा समझ के भी न समझना क्या मजबूरी होता है ये?

Pic 8

9. अक्सर

अक्सर ही तुम से दूर,
कामों में लगा रहता हूँ।
बस तेरी यादों से बातें करते रहता हूँ,
तुम से यह दूरी बड़ी मुश्किल से सहता हूँ।
चाहे जितना भी व्यस्त हो जाऊ !
बस तुम्हे ही सोचता रहता हूँ!
हम्म!
मानता हूँ काम जरूरी हैं,
लेकिन !
तुमसे दूर रहना मजबूरी है ।

Pic 9

10. एक बात

पूरा दिन कैसे भी गुज़र जाता है,

मगर रात को ख्याल तेरे,

ज़िन्दगी और वक़्त दोनो ही रोक देते हैं।।

लिखकर किताब पर नाम तेरा,

सुबह शाम पढ़ती ही रहूँ। ।

तुम जो कर गए फैसले दूर जाने का ,

तो अब मैं क्या बोलू

अब तेरे बिन तो मेरा क्या जीने तो अब मैं क्या बोलू

तुम जो कह गए ,खुश रहना ख्याल रखना !

अब आना चाहूँ.

भी तो कैसे आऊ,

तेरी कहाँ एक एक बात को कैसे भूलाऊ,

फोन से तस्वीरों को मिटाने की हिम्मत नहीं हो रही!

तो अपने जहन से तेरी यादों को कैसे मिटाऊ!

तेरी नाराजगी को रोज कैसे

सहन कर पाऊ

|आज भी इतना तक नहीं रखती में,

तो कैसे हक जताऊ !

जज्बातो को बोलने से हमेशा डरती हूँ,

कैसे कहूँ तुमसे बेइतहा मोहब्बत करती है, कैसे बोलू

अक्सर ही कुछ न कुछ भूल जाया

करती है। मगर तुम्हे याद कर वक्त नीलाम करती है।

Pic 10

11. नाता

एक तूझ से ही नाता है,
दिल सिर्फ तेरी ही बातें समझ पाता है,
मेरी एकलौती महोब्बत हो तुम!
तभी ही दिल तुझ से रिश्ता निभाता है ।।

Pic 11

12. Seen !

ना वक्त ऐ ना हालात,
ना कोई बरसात !
ना मौसम हसीन !
ना कोई बन रहा seen !
कैसे कह दूँ कोई दिन रात रंगीन ।

Pic 12

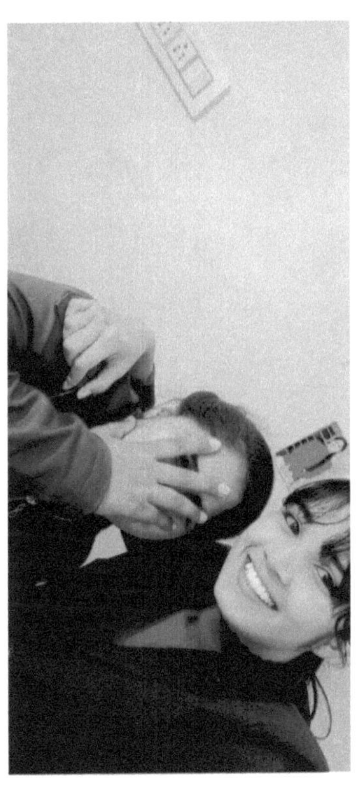

13. हालात

ना वक्त था ना हालात थे
ना कोई हुई बरसात थी !
मौसम थोडा हसीन हुआ जरूर था !
जिसके आने की उम्मीद खत्म थी ,
उसके हर बार की तरह आकर मुझे
चुकाया जरूर था
आकर मेरा जन्मदिन खास बनाया जरूर
था उस दिन!
दिन रात रंगीन और चाँद छरमाया जरूर था ॥

Pic 13

14. मदहोश

नज़रो नज़रो में नजरें मिली जब,
होंठ आए करीब तब !
शरमा गई तेरी अप्सरा!
नज़रो नज़रो में एकरार कर गई,
तेरे करीब क्या आई !
वो तो तेरी खुशबू पे ही मर गई ।
उस अंधेरी रात में !
मदहोश हुई !
तेरी खुशबु ने मोहित की,
वो अपने आप को रोकते रोकते !
तेरी नज़रो से भिड़ गई ।

15. मेरा रिश्ता

हाँ प्यार है मुझे किसी से,
मगर उसका!
और
मेरा रिश्ता इस जग में नकारा जाएगा,
एक ही तो सुकून!
और
सहारा है मेरा,
उसे भी मुझसे दूर कर,
मुझे रुलाया जाएगा.....

16. अल्फाज

अक्सर भीड़ से दूर तेरे साथ में सुकून महसूस करती हूं,
ज्यादा बोलती भी हूं मगर अक्सर खामोशी में अपने
अल्फाज बयान करती हूं.....

17. मेरा अज़ीज

मेरी भोली सूरत देख दिल हार जाता है,
मेरी मुस्कान के लिए कुछ भी कर जाता है,
मेरी खुशी, हर ख्वाइश पूरी कर जाता है,
हर मुलाकात में प्यार हो है,
वो मेरा अज़ीज है,
जो ज़िन्दगी का इकलौता सुकून कहलाता है!

18. टूटी पतंग

गुजरते मिलती रोज़ राह में
हज़ारों से हूँ।
मगर मुलाकात तुम्हारे जैसी हर किसी से नहीं!!
मेरे उदास हो जाने पर
मेरे चिहरे का नूर हो तुम!
मेरी टूटी पतंग की डोर हो तुम!
जो सुकूना जो मुस्कुराहट! तुझे देखकर ही आ जाती वो
किसी और के आ जाने से
कहां!!

19. दीवाना

मेरे शब्द उसे पल भर में उसे मुझसे दूर कर देते जरूर है,
मगर हर बार दिल में ख्याल उसी का ही आता है,
यह दिल इतना दीवाना है उसके लिए !
बस हर दफा उसे ही चाहता है!

20. फिक्र

चाहे जताती नहीं,
मगर फिक्र करती हूँ ,
हर एक बात में तेरा जिक्र करती हूँ,
तू दूर होकर भी इस दिल के करीब है,
बस फर्क सिर्फ इतना है ,
कभी जताती नही !!

21. फितूर

ले जाऊ! तुझे कहीं दूर,
बस तेरे इश्क का हो फितूर
तेरे सिवा मैं कौन हूँ !!!
तेरे से दूर मैं मौन हूँ !!!
तुझे देखूं तो बस खो जाऊँ।
चाहत इतनी है कि
हर जगह तुझे अहसास कर पाऊँ।
बस हर वक्त तेरी मेरी मुलाकात का!
इन्तजार करती जाऊँ ।

22. कभी होगा

मेरे पास तेरे जैसा कोई नही ,
और न कभी होगा ,
तूम तो मेरे हो सिर्फ मेरे ,
हाँ ! तुझको बहुत सुना जाती हूँ ,
गुस्से मे आकर !!
मगर मेरा कोई इरादा और मतलब नही होता ,
जो आया बोल जाती हूँ ,
जुबान की कच्ची हूँ ,,

23. तेरा जिक्र

चाहे जताती नहीं,
मगर फिक्र करती हूँ ,
हर एक बात में तेरा जिक्र करती हूँ,
तू दूर होकर भी इस दिल के करीब है,
बस फर्क सिर्फ इतना है ,
कभी जताती नही !!

24. जुबान की कच्ची हूँ

मेरे पास तेरे जैसा कोई नही ,
और न कभी होगा ,
तूम तो मेरे हो सिर्फ मेरे ,
हाँ ! तुझको बहुत सुना जाती हूँ ,
गुस्से मे आकर !!
मगर मेरा कोई इरादा और मतलब नही होता ,
जो आया बोल जाती हूँ ,
जुबान की कच्ची हूँ ,,

25. वापस

मेरे कहने पर भी ,
मेरा कभी साथ न छोड़कर जाना ,
हजारो बार लड़ कर भी !
मुझे तेरा और सिर्फ तेरा साथ चाहिए!!
गुस्से होने का हक जरूर है ,
मगर वापस जरा वक्त से आ जाना !!
जब तूम न कुछ बोल ते हो ,
और न वापस आते हो ,
मेरा गुस्सा तब और भी ज्यादा हो जाता है

26. समझा करो

समझा करो !
कि तेरे बिन रहा नही जाता ,
और बस बार बार कहा नही जाता ,
बस बात खत्म यहाँ करती हूँ !
कि तेरे बिन जीया नही जाता !
रहा नही जाता !
और बस कहा न कहा भी नही जाता !!
तुम मेरे हो!
तो बस हो !
प्यार कह लो या जिद्द है तो बस है !!
यह पूरी जिंदगी है तेरे साथ ।।।।

27. ये साल मुकम्मल

हुआ एक साल मुकम्मल तेरे साथ,
हो आगे भी मुकम्मल !
हर साल,
तेरे साथ,
हो हाथों मे हाथ।।
हुआ, ये साल मुकम्मल हँसते हुए!
तो कुछ उदास होते !
कुछ लड़ते !मनाते तो
कुछ ब्लॉक होते!!
कुछ दूर होते,
कुछ पास आते!!

28. याद है

कई हसीन पल एक साथ गुज़ारे,
कभी रूठना मनाना हुआ! तो
कभी हँसना हँसाना हुआ!
दुआ है मेरी !
गुज़रे आने वाले सब साल तेरे साथ!
यूँ हीं, हँसते खिलखिलात
याद है !!
जब हम पहली बार मिले थे ,
उस पल कुछ न कुछ करके
तुमने मुझे थोड़ा बेइज़्ज़त किया था
मगर, तेरी भोली सी सूरत देख मुझे
गुस्सा ना आया था,
एक शादी में मिले !!
और ,
दो दिन में तुम खास बन गयी थी,
वो रात की देरी में हमारा बोलना ,
घर वालो को मुनासिब ना था
इसलिए हमारी बात कुछ अज़ब गज़ब फ़ोन पर typing ही हुई थी,
याद है!!
तेरे जाने के डर से मैं बहुत रोइ थी,
और ,
याद है ना! तुम्हे गले लगाकर पूरी रात सोई थी
याद है!!

29. क्या

इस मुसकान में बसती हैं जान मेरी।।।

इस को बरकरार रख पाऊँ गे क्या ???

ज्यादा बोलने की आदत हैं मेरी

मेरी इस आदत को झेल पाऊँ गे

क्या ???

अगर मेरी बातें आदत बन गई

तुम्हारी तो

मेरी रोज होने वाली नाराजगी पर मेरी चूपी तोड़ पाऊँ गे क्या???

काफी लापरवाह हूँ मैं.

मेरी परवाह कर पाऊँ गे क्या ???

गुस्से में कुछ भी बोल जाती हूँ मैं. सब कुछ सुन कर भी प्यार से समझाऊँ

30. गलतियाँ

गलतियाँ भी बेहद कर जाती हूँ,
: मेरी गलतियाँ सुधार पाऊँ गे क्या???
यह कुछ दिन का प्यार न होगा मेरा से,
बोलो! आखिरी सांस तक मेरा साथ नभाऊगे क्या???
तेरी याद आते ही,
मेरी मासूम सी निगाहें नम हो जाती है ।।
तो तेरी एक आवाज़ सुनकर बेचैनी थोड़ी कम हो जाती है।
मगर ! पल-पल तरसते हैं हम,
तेरी एक झलक पाने को!
खिल उठते हैं तेरे आने से।।
तमाम मीलों की हैं दूरियां तेरे और मेरे
दरमियां,
मगर मेरे दिल करीब हो तूम,
उम्मीद, मेरी कहती हैं,
वही हसीन मुलाकातें होगी,
प्यारी सी बातें होगी,
तेरा छोटी-छोटी सी बातों पर,
रूठना होगा,
जल्द! यह मीलों की दूरियां, खत्म होगी,
वो रातों को अंधेरे आसमान के नीचे बैठकर,
मेरा तारों का गिनगिना होगा,
वो मेरा उच्ची आवाज़ में बोलना,
तो मेरी fam का बोलना,

सारा दिन एक दूसरे से रूठना और रात को फिर भी एक साथ होना।।
उम्मीद है कि वो दिन आएगें
आमीन

31. तेरे साथ

तेरी इन निगाहों में डूब जाऊँ,
तेरे साथ जिंदगी के हर पल बिताऊ,
तेरी खुशियों में शामिल हो जाऊँ,
तेरे साथ हर त्योहार मनाऊँ,
तेरी जिंदगी का अहम हिस्सा बन जाऊँ,
तेरी जिंदगी के हर एक मोड़ पर,
तेरा साथ निभाऊं।।

32. तुझे पाने की

बस ! यही आशा है कि,
अपनी यह सब आरजू पूरी कर पाऊ
ज़िन्दगी में बेहद
ख़्वाहिशे हैं,
जिन्हें पूरा करने की जिद्द लिए बैठे हुए हैं।
तुझे पाने की,
तेरे साथ ता उम्र रहने की,
सब दिल की बातें कहने की,
जिद्द हैं मेरी॥

33. मुझे बेशक तू बोल जाएँ

तेरे साथ हँसने की ,

तेरे साथ दूर कहीं इस दुनिया से,

बसने की, जिद्द है मेरी।।

तेरे साथ छोटी छोटी बातों पर रूठने और

फिर एक तेरी हँसी पर ही मान जाने की,

जिद्द हैं मेरी।।

मेरी हर छोटी बड़ी गलती पर ,

मुझे बेशक तू बोल जाएँ.

मगर फिर प्यार से समझाए जिद्द हैं मेरी।।

तेरे साथ वो हर लम्हे बिताऊ,

तुझे अपने साथ पूरी दुनिया

घूमाऊ, जिद्द हैं मेरी !

तुझे नहीं पसंद मेरी दोस्तों

साथ महफिले,

जब तू होगी साथ वो सब महफिले भी छोड़ देना के

बस ख्वाहिश है मेरी कि तेरे साथ जिंदगी के आखिरी पल तक

साथ रहना चाहती हूँ।

34. फिदा हो जाता

यह मन बेचैन सा रहता है...
तेरी झलक पाकर दिल झूमने लगता है...
तेरी मुस्कान देखकर यह बेचारा दिल
फिदा हो जाता हैं...
क्या करूँ कुछ समझ न आता है.....
तेरी एन
जुलफो में खो जाने को दिल
चाहता है....
तो तेरे साथ बैठकर हसीन लम्हे
बिताने को दिल चाहता हैं...

35. खूबसूरत

खूबसूरत यह हवाए,
तेरी नामौजूदगी का अहसास कराए,
तेरे होने से हर मौसम चहक सा जाता है,
तेरे होने से मेरा मायूस सा चेहरा महक सा जाता हैं।
एक तेरे साथ रूठना मनाना होता हैं,
कमबख़्त! महोब्बत इतनी हैं
कि वापस तेरे पास आना
होता हैं,
बस! एक तेरे संग इतबार हैं
यूँ ही नहीं बोलती तेरे से बेहद प्यार है।

36. बहुत सारे

जिंदगी का भी पता नहीं लगता !
पल भर में तो इतना
रूलाती हैं,
और !
फिर अगले ही वक्त!
खूबसूरत से मौसम के साथ चिहरे पर
मुस्कुराहट लाती हैं!
कुछ वक्त पहले तो रोते वक्त मर जाने को दिल
करता हैं,
फिर याद आता है, अभी तो जिंदगी के किए सब
काइ सुधारने हैं,
बहुत सारे सजाए सपने पूरे करने हैं,
अभी तो अपना नाम
बनाना है,
"अनमोल" को आम से खास बनाना हैं।।

37. तेरी यह मुस्कुराहटे

तेरी मुस्कुराहट के आगे हार जाऊ!
तेरी एक जिद्द के आगे जान भी वार जाऊ!
तेरी नादानी पर प्यार जताऊ!
हर पल तुम्हारे साथ बिताओ!
उदास हो तो हँसाऊ!
नाराज हो तो मनाऊ!
बस! तेरी यह मुस्कुराहटे बरकरार रख पाऊ,
अपनी सारी खुशियां तेरे नाम लिखवाऊ ।।
आमीन........

38. तेरे बिन हाल कुछ ऐसे है

तुम्हे मिली थी!

इस सर्द मौसम में,

ना उस वक्त हाल था,

ना कोई ख्याल था,

दो से नैन चार हुए !

और इस तरह हम आपके !

दिल के कर्जदार हुए !

हर

पहर ख्याल तेरा,

न दिल लगता है कहीं मेरा,

तुझ बिन मैं मुरझा जाती हूँ,

तेरे करीब मैं आकर शरमा जाती हैं ।

तुझे कैसे बताऊँ मैं,

मेरे दिल का हाल,

तेरे बिन कैसे हूँ! बेहाल !!!

तुझे कभी बताती नहीं,

तुझे बोलकर कभी जताती नहीं।

तेरे बिन हाल कुछ ऐसे है

न। कुछ कहा जाए,

ना तेरे बिन रहा

जाता हैं!!!

रहती हूँ अक्सर तुझ से दूर,

रहता मगर !! इश्क का फितूर !!!

तुझे देख कर !!!

यूँ माने!
जैसे खिल - सी जाती हूँ।।
बहारो से मिल जाती हूँ!!

39. हर दफा

हर दफा !!!
अक्सर ही हर पहर ।।
तुझे अहसास कर पाती हूँ।
ख़ुदा जाने !!!
मैं आखिर क्यूँ तुझे चाहती हूँ ।।
हवाओं संग रहती हूँ,
'मस्त मलंग!!
हर पल, हर दफा, तुम्हारा जिक्र कर जाती हूँ,
पता नहीं क्या !!!
रिश्ता है। तेरा मेरा !!
जो तेरा फ्रिक कर जाती हूँ !!!

40. एक खास और खूबसूरत अहसास

हम्म! तेरे से नाराज नहीं हूँ!!
मगर तेरी यह रोजाना आने वाली !
कम्बखत यादों से नाराजगी होती है !
तेरे on होते हुए भी मुझे अनदेखा कर देने से नाराजगी होती हैं।।
मगर हम्म! तेरे से नाराज नहीं हूँ!!
जैसे तुझे मेरे वो बस "soja तूँ !!
इस msg से परेशानी होती है,
ऐसे ही मुझे भी तेरे routine
वाले बस खाना खाया" यह बोल
Off हो जाने से नाराजगी होती
है।।
मगर हमम तेरे से नाराज नहीं हू मै!
जब तुझे फर्सत मिले तु तब बात करती है !
चल माना काफी काम होते है तुझे !
मगर सब के काम होते हैं और
मैं पागल online exam
Tym भी reply करती हू
माना तू busy है!
और mood पर बात करती है!
तो मेरा late reply आने पर बोल जाती है,
मेरे call ना उठाने पर सुनाती है!
नाराजगी होती है मुझे

मगर! हम्म, नाराज नहीं है मैं!!!
बस अब कुछ न बोल कर चूपी
बरकरार रखती हू!
बस अब न ज्यादा बात करती
नाराजगी होती है,
मगर, नाराज नहीं है मै!!
तेरे साथ वक्त का यूँ
पता नहीं हैं चलता,
कब ना जाने यह सुबह का सूरज है ढलता।।
मगर दिल चाहता होता है,
यह वक्त यहीं ठहरा सा रहे!
यह मौसम यूँ ही डरा सा।।
ना आए वो वक्त दूर जाने का,
बस यह वक्त तेरे मेरे दरमियां थमा सा रहे।
तेरे पास होते हुए ये सब दुनिया की बातें
सब कुछ भूल जाएया करती हू !
बस एक तेरा ही ख्याल नाम जुबां पर
होता है।।
एक खास और खूबसूरत अहसास जब मेरा
हाथ तेरे हाथ में होता है।
एक long distance के बाद मेरी जान तेरी ही बदौलत हमारी
मुलाकातें होती हैं.
तो सच मानो! यह दिल के साथ
साथ
पूरी कायनात यही कह रही होती है, ना जाने अब कब मुलाकात
होगी।

41. बीते प्यार की दीवानगी:

तेरी हर अदा पर मैं फिदा-सा हो जाता
कभी कभी अकेले बैठ तेरी कहीं बातें गुनगुनाता हूँ,
तेरी छोटी-छोटी बातों पर कभी तो बहुत
खिलखिलाता हूँ,
तेरी मासूमियत पर दिल वार ता हूँ,
तेरी हर नादानी के आगे हारता हूँ।
तेरी मुस्कुराहट के लिए कुछ भी कर गुजरने को तैयार हू,
मगर तेरे सामने बोल नहीं पाता कि "तूम से बेहद प्यार है"।

42. शुक्रिया!

तेरी याद बेहद आती हैं,
साथ में वो हसीन लम्हे भी याद करा जाती हैं।
शुक्रिया! तेरी हर मिलने की शिरकत का,
तेरी हर वो प्यारी फ़ितरत का,
जब तक है जान
यह मुलाकातें जारी रहेगी,
हमारी यारी सबसे प्यारी रहेगी।

43. अनदेखा करा करती हूँ

तेरे शहर को जाने वाले रास्तों से,
अक्सर गुजरा करती हूँ,
माना ! तेरे लिए पल पल मरती हू
मगर फिर भी जाने क्यूँ
तेरे शहर को जाने वाले रास्तों को
अनदेखा करा करती हूँ।
तूम से बेइन्तहा मोहब्बत करती हू
मगर फिर भी जाने क्यूँ कहने से डरती हैं।
तुझसे मुलाकात करने की गुंजाइश करती हूँ,
मगर फिर भी जाने क्यूँ,
बिछड़ जाने से डरती हूँ।

44. यह आँखे बयान करती जाती है !

प्यार में कुछ ज्यादा बोलने की जरूरत नहीं होती !
दो दिलों की नजदीकिया ही काफी होती है।
कुछ ज्यादा जरूरत न
आंखो की नादानिया ही काफी होती है!
प्यार में आँखे अहम हिस्सा निभाती है।
जुबां से ज्यादा आँखें बोल जाती है
प्यार खुशी और नाराजगी
यह आँखे बयान करती जाती है !
दो दिलों को एक बनाने में अहम भूमिका निभाती है !!
प्यार का पहला अक्षर ही अधूरा होता है,
यह प्यार भी किसी किसी का ही पूरा होता हैं.
अक्सर प्यार की दास्तान अधूरी ही होती हैं,
कभी फैमिली तो कभी
कास्ट की वजह से ना पूरी होती हैं।
प्यार!.

45. मेरा पागलों जैसी बाते

एक अहसास होता है, जो दो दिलों को एक ही
धागे में मोतियों की
तरह परोता है।
थोड़ी सर्द हवाएं,
मेरे करीब तेरी लिपटी बाहें,
वो शरारते करती चाँद की रोशनी,
वो मेरा उच्ची उच्ची बातें करना,
तेरा सुनकर कभी न थकना हरना,
मेरा पागलों जैसी बाते करना ॥
तेरा मुझे मिलना,
बाकमाल! कहर सा
डाह गया,
एक घुट घुट कर जीती जान को
फिर से जीना सिखा
गया।।

Pic 14

46. इस दिल में

हर वक्त तेरे खयाल,

इस दिल में होते हैं बबाल,

तू ना समझ हैं,

कभी न समझे पाएगी,

मेरे दूर हो जाने के बाद

फिर मेरी यादों को करीब पाएगी,

इतनी पागल हूँ तेरे लिए,

हर हद से गुजर जाऊँ, अगर मैं चाहूँ तो,

एक दिन में तेरे नाम

पूरी की पूरी किताब! मुकम्मल कर पाऊँ । ।

47. मुँह फुलाकर बैठे तुम

शाम के वक्त की तेरे साथ बाते,
पूरे दिन की थकान मिटाती है!
यूँ तो तेरी याद सुबह से शाम पहर आती हैं,
मगर यह बोलकर बताने में तेरी जान सहम सी जाती हैं।
तुमसे लड़ाई नही पसंद!
मगर मुँह फुलाकर बैठे तुम भाते हो,
हम्म! पसंद है मुझे कि,
मेरे नाराज होने पर गुस्से में बेवजह बोलने पर भी!
मुझसे दूर होने से बेहतर मुझे प्यार से समझाते हो
इन अदाऊ पर फिदा मै !
तुझसे दूरियाँ कम कर और
नजदीकिया बढाती हूँ।

48. बेइन्तहा मोहब्बत

तुझ से बेइन्तहा मोहब्बत करती हूँ
बस! कहने से डरती हू, कि खो न दू !
यह बात को याद कर पल पल मरती हू,
तुझ से महोब्बत इतनी है ! कि
तुझे पाने के लिए हर हद गुजर जाऊँ,
तू एक बार इकरार तो क
मै अपने आप को तेरे काबिल बनाऊं,
हर बार तूझे सोच कर लिखती हू !
महोब्बत! इतनी है कि तेरे नाम पर किताब
एक दिन में मुकम्मल कर
पाऊं॥

49. तुझे समझ पाना

यह बिखरी सी जुल्फें यह खिलखिलाता सा चेहरा,
तो यह सुबह शाम पहरा।।
यह तेरा रंग रात की चाँदनी तेरा बोलना मधुर वाणी सा !
तेरा प्यार करने का लहजा तो उफ!
तो तेरा गुस्सा एक अजीब कहानी सा ।।
तेरा समझाना हर किसी को एक सुलझन सा!
मगर तुझे समझ पाना, एक उलझन सा!

50. तेरे चेहरे की

तेरे चेहरे का नूर मुझे कायल कर देता है।

कैसे तारीफ करो मै ,

तेरी, क्या! बोल कर नजरें हर दफा चाहती,

तेरी आँखे मुझे कुछ-कुछ कहती हैं,

बयान कर दू तेरे चेहरे पर ही तो नजरे हर दफा रहती हैं।

तेरे चेहरे की

खूबसूरती से हटकर !

तेरे खयालातों पर भी

फिदा हूँ मै !

मेरी दुआओं की

तू"ही मन्नत है, तेरे कदमों में मेरी जन्नत हैं।

चाहकर भी तेरे से जुदा नहीं होना

तेरे जैसा दोस्त कभी न खोना चाहती।

51. आरजू

तेरी इन निगाहों में डूब जाऊँ,
तेरे साथ जिंदगी के हर पल बिताऊ,
तेरी खुशियों में शामिल हो जाऊँ,
तेरे साथ हर त्योहार मनाऊँ,
तेरी जिंदगी का अहम हिस्सा बन जाऊँ,
तेरी जिंदगी के हर एक मोड़ पर, तेरा साथ नभाऊ।।
बस ! यही आशा है कि,
अपनी यह सब आरजू पूरी कर पाऊँ

52. यह मन बेचैन सा रहता है

इस मुसकान में बसती हैं
जान मेरी।।।
इस को बरकरार रख पाऊँ गे क्या ???
ज्यादा बोलने की आदत हैं मेरी
मेरी इस आदत को झेल पाऊँ गे क्या???
अगर मेरी बातें आदत बन गई
तुम्हारी तो
मेरी रोज होने वाली नाराजगी पर
मेरी चूपी तोड़ पाऊँ गे क्या???
काफी लापरवाह हूँ मैं,
मेरी परवाह कर पाऊँ गे क्या ???
गुस्से में कुछ भी बोल जाती हूँ मैं, सब कुछ सुन कर भी प्यार से
समझाऊँ गे क्या???
गलतियाँ भी बेहद कर जाती हूँ,
मेरी गलतियाँ सुधार पाऊँ गे क्या
यह कुछ दिन का प्यार न होगा मेरा से,
बोलो! आखिरी सांस तक मेरा साथ
नभाऊगे क्या??
यह मन बेचैन सा रहता है...
तेरी झलक पाकर दिल झूमने लगता है ....
तेरी मुस्कान देखकर यह बेचारा दिल
फिदा हो जाता हैं...
क्या करूँ कुछ समझ न आता है....
तेरी एन जुलफो में खो जाने को दिल

चाहता है...
तो तेरे साथ बैठकर हसीन लम्हे
बिताने को दिल चाहता है...

53. मेरा तारों का गिनना

तेरी याद आते ही,

मेरी मासूम सी निगाहें नम हो जाती !

तो तेरी एक आवाज़ सुनकर बेचैनी थोड़ी कम हो जाती है।। मगर !

पल-पल तरसते हैं हम, तेरी एक झलक पाने को!

खिल उठते हैं तेरे आने से।।

तमाम मीलों की हैं दूरियां तेरे और मेरे दरमियां,

मगर मेरे दिल करीब हो तूम,

उम्मीद, मेरी कहती हैं,

जल्द ! यह मीलों की दूरियां, खत्म होगी,

वही हसीन मुलाकातें होगी,

प्यारी सी बातें होगी, तेरा छोटी-छोटी सी बातों पर, रूठना होगा,

वो रातों को अंधेरे आसमान के नीचे बैठकर,

मेरा तारों का गिनना होगा,

वो मेरा उच्ची आवाज़ में बोलना

तो मेरी fam का बोलना,

सारा दिन एक दूसरे से रूठना और रात को फिर भी एक साथ

होना।।

तेरे क़दमों में,

मेरी जन्नत,

मेरी हर इबादत,

तू एक मन्नत ,

मेरी दुआ है मेरी,

जितने पलें जीऊ !

हो तेरे साथ ,

हो !
तेरे हाथों में मेरा हाथ,

54. तेरे से मिलना

एक तो इस लाकडाऊन ने बुरा हाल किया है ,
तेरे से मिलना भी बेहाल किया है ,
मानों पिछली बार की तरह ,
आखिरी सांस तक का इन्तजार कर रही हूँ ।।
बस सारा दिन अपने कमरे की!
इन चार दीवारो में पूरा समय नीलाम कर रही हूँ ,
तेरे बिन हाल-बेहाल से पडे है ।।
बस अपने आखिरी दिन से पहले ,
तेरी मेरी खूबसूरत मुलाका
का इन्तजार कर रही हूँ।।

55. देखकर तुझे

देखकर तुझे बस तूझ में खो जाती हूँ !

लग जाऊ गले तो जन्नत पाती हँ !

थाम हाथ मेरा !
और दे साथ मेरा !

इस पूरी दुनिया में एक तुझे ही तो ,
चुना है !
कभी मेरे लफ्जों को गौर से सुना है ।।

56. तेरी याद

तेरी याद और तुझसे मिलने की फरियाद!
रोज करती हूँ!

तुझसे मीलों दूर होकर भी,
एक तुझ पर मरती हू!!

57. एक लड़की अलबेली सी

कहानी है एक अलबेली-सी , प्यारी -कोमल -सी लड़की की।। जो अपनी जिंदगी में मस्त रहती थी!! सब की परवाह करती थी ,और सब को खुश करने के लिए, किसी थी हद तक गुजर जाती थी!!!सबके चिहरे खिल -खिलाकर फिर खुद खिले फूलों की तरह खिल सी जाती थी!!! जिंदगी में हर किसी की मुश्किल हल करने में जुट जाती थी वो ,चाहे पूरी मुश्किल खुद के गल पड़ जाती थी।। यूं तो तितलियों की तरह हर वक्त चहकती , महकती रहती थी वो! मगर अकेले बैठ रो भी देती थी!!! सच तो यह था , जैसी मुस्कराहट वो फरमाती थी तस्वीरों में वो मुस्कराहट उसकी बहुत कुछ बयान कर जाती थी।। इतनी बेखौफ थी वो लड़की जो हर कुछ सह जाती थी बस , उसकी बजह से किसी की आंखों में आने वाले आंसू ना सह होते थे उसे !!! यूं तो अपने आप से बहुत प्यार करतीं थीं वो !!! उसे अपनी मुस्कराहट से भी बहुत प्यार था वो भी जीना चाहती थी ;बेखौफ,!!!

मगर! उसे जिंदगी अलविदा बोल रही थी , कई बार अकेले में बैठे रोते-रोते वो यह तक बोल जाती थी,

"अब खत्म हो जाएगी ज़िंदगी !!! "

मगर जब बात जिंदगी खत्म हो जाने की आई ; तो पता चला ;

"उसकी एक जिंदगी

के पीछे!!

कितने औरों जान बसी है!!"

मगर एक बार फिर से वो अब जीने लगी है।। तस्वीरों में आज भी

वो मुस्कुराहट फरमाती है, असली मुस्कुराहट कभी-कभार ही उसके चिहरे पर आती है।। वो चहकती -महकती आज भी हैं, माथे पर काली बिंदी और जुल्फे चाहे सवारती कभी-कभार है मगर जब भी वो बनती- संवरती है; उन पहले दिनों की तरह आज भी कई दीवाने बनाती है; यूं लो काफी खामीयां है उसमें भी !
आज भी, बच्चों की तरह बिना बात नाराज भी हो जाती है; ज्यादा उदास हो तो आज भी अकेले में रो देती हैं !!
आज भी उसे रोना पसंद नहीं और जो रोने की वजह बने वो भी नहीं।।

आज भी वो थोड़ा हँस तो थोड़ा शर्मा कर और अपने अल्फाज़ फरमाकर कई कत्ल कर जाती है।।
वो आज भी बस की खिड़की तरफ बैठने की शौकीन पूरे सफर चूप कर बैठ ठंडी हवाएं का लूफंत उठाती हैं।।

आज भी वो अपनी भूरी , काली सी आंखों से सब कह जाती है ।।

आज भी वो कम खाने की शौकीन पानी -पुरी पर आ अटक जाती है।।
आज भी वो जीनस पसंद करनी वाली , ज्यादा सूट में ही जचती है।।
आज भी शौक रखती है वो stage पर बोलने का आज भी वो अपने अल्फाज़ फरमाती है , अपने बातों से वो आज भी सबको वो कायल कर जाती है ।।

आज भी वो भीड़ से ज्यादा , एकांत पसंद करती हैं, कभी-कभी वो कम बोलने वाली अलबेली , तो कभी बिन बात के झूम उठती है !!!
आज भी उस पर लम्हे बाल जचते है, उसके टिडे -मेढे से दांत

सिर्फ उसी पर फबते हैं।।

वो ज्यादा makeup में नहीं ,बस थोड़ा काजल और Eyeliner में
भी खूब लगती है , न जाने क्यों वो मुझे आज भी फबती है ।।
आज भी मीठे में सिर्फ गुलाब - जामुन और नमकीन! Fast-food
!!! पानी पुरी पर मरती हैं;

आज भी वो अपनी तबीयत बिगड़ जाने से डरती है; injection से
वो आज भी डरती है; injection से नाम सुनकर ही B.P Low कर
लेती है, बस इतना खौफ है बस एक उसी का ! देखकर injection
को रो देती है ;

दिल की मरीज वो , आज भी इसलिए सारे medical test
,mamu संग करवाती है , हां क्योंकि, Mamu प्यार से चुप कराते
हैं, और फिर उसकी पसंदीदा पानी-पुरी खिलाने ले जाने है!!
वो दिमाग से भी कच्ची सी है,
मानो! नादान बच्ची सी है,
अक्सर भूल जाती है कुछ ना कुछ !,
मगर कुछ बातें एसी जो भूल नहीं पाती है ,,
फिर दुखी होकर अकेले में रोए जाती है ।।
आज भी वो जिंदगी की Memories collect करने में जुट जाती
है; तो फिर सब memories को , अपने अल्फाजों जरिए और
तस्वीरें जरिए बयान कर जाती है ।।
आज भी वो दोस्त बनाने से छरमाती है , मगर!!! किसी के पहले
उस रो बात करने से पो जल्दी घुल -मिल जाती है।।

आज भी वो sestive बहुत , छोटी- सी बात पर hurt हो जाती है
!!! आज भी सुनने को मिलता है कि, उसके चाहने वाले और दोस्त
हैं हजार , मगर सच तो यह है कि आज भी वो पूरी दुनिया में
अपने - आप को अकेला महसूस कर जाती है;

सच तो यह है कि वो खुद दोस्त कभी न बनाती है।। पूरा दिन-रात online रहने वाली वो , किसी को पहला Msg कर न सताती है, बस कभी इधर तो कभी उधर ऐसे ही करके अपना समय बिताती हैं।।

आज भी अपना 100% देने में लग जाती है , मगर 100 %.न देकर भी वो दिल जीत जाती है ।।

हां ! कभी सुन तो कभी सुना भी जाती है ; वो थोड़ी अलबेली है कहा न !! वो कभी सुन चुप हो तो कभी बहुत सुना जाती है ।। अहहमन!!!अत्तजामी कहूं लूं या थोड़ा experience है उसे जिंदगी का !!! किसी के भले के लिए काफी राए ,मशवरा दे जाती है ; वो सुनने वालीं की गलती जो न माने , मगर जैसा वो बोल जाती है कि ऐसा हो जाएगा ; पूरा वैसा ही हो जाता है।।

आज भी वो मम्मी पापा से ज्यादा , नानू-नानी ,मामू का करती हूं , उनके लिए वो जान वारती हैं , उनके एक- एक लफ्ज़ के आगे हारती है!!

देखने को लगती मस्त , अंदर से उदासी से खोखली हो रही है!! अपने अल्फाज़ किसी को न बताकर बस किताबों में परो रही है !!! उसे भी चाहत है उसके अरमानों को पूरा करने की ,, कभी जीतने तो कभी हरने की !!! वो भी घूमना चाहती है, इन हवाओं संग गुफत गूं करना चाहती है।। वो भी किसी को चाहती है!!! उसके साथ वक्त बिताना चाहती हूं !!! हर खाब सच कर जाता चाहती हूं !!! आज भी वो फूलों की तरह खिल जाना चाहती है मगर वो दिल वाली मुस्कराहट मुस्काना चाहती है !!!

वो भी हर Moment capture कर जाना चाहती हूं !!! हर हाल में Muskurht फरमाना चाहती है!!! जिंदगी की परेशानियों से कहीं दूर बिना किसी तनाव से वो बस बहां बस जाना चाहती है!!!

किसी भी कीमत पर अपने चिहरे पर मुस्कान और अपनी खुशियों खरीद लाना चाहती है।। मगर खुशियों को खरीद नहीं सकते ना , इसलिए वो अपना सूकून पाना चाहती है!!!
मगर कभी किसी ने उससे पूछा ही नहीं आखिर वो क्या चाहती है !!!

अपनी जिंदगी को लेकर वो आज भी confuse है,
वो जैसी है उसे मंजूर है,
यह सब क़िस्मत का फितूर है,
उसे नहीं पता अखिर वो क्या करेगी,
क्या अपनी family के आगे अपने सब अरमान सब ख़ाब भूल जाएगी!!!
क्या वो! दिल की बीमारी के आगे दम तोड़ जाएगी!!
क्या वो! वो दिल की कसक से रोज़- रोज़ मरेगी!!

क्या वो! अपनी खुशियों , खाबों को हार जाएगी,

क्या वो! अपने चेहरे पर असली मुस्कराहट ला पाएगी!!

क्या वो! अपनी चाहत के पास रह पाएगी!!

क्या वो! अपनी सब ख़्वाहिशे पूरा कर पाएगी !!

ना जाने वो अपनी जिंदगी को किस मोड़ पर ले जाएगी!!

न जाने वो ऐसा क्या करेगी, जिससे सब कुछ ठीक हो जाए!!

क्या वो! सबसे दूर कहीं दूर चल जाएगी !!

जहाँ कोई उसे ढूंढ न पाए!

क्या वो! अपने ही अल्फाजों के नीचे दब जाएगी!

क्या वो! अपनी जिंदगी की मुश्किलों से भाग जाएगी!!

मग़र .... इतना तो मैं कह सकती हूं वो अलबेली अपनी
जिम्मेदारियों से कभी डर कर नहीं भागेगी ॥
वो हर हालत में अपना 100% देगी ,
हर हालत में सब करेगी जो मुमकिन होगा उस से करना ॥
वो अपनी खुशी और सब की खुशी देखेगी ॥

पहले वो दूसरो की खुशी पहले और अपनी बाद में सोचती है, मगर
इस बार उसका सामना किसी और से नहीं अपने आप से है तो वो
अपना 100% देगी और डर कर भागेगी नहीं ॥

58. Now days what I feel

.....

इस दुनिया में कोई अपना नहीं है!!
सब अपने मतलब तक ही साथ निभाते है ॥

तो एक situation पर साथ छोड़ जाते है ,
अक्सर मेरे साथ तो होता यही है!!
दोस्त हो या रिश्तेदार !
पहले आते है दिल के करीब !!
फिर कुछ वक्त बाद कर कुछ ऐसा वैसा !!
नजरों में गिरते हैं!!

So !! now day days I feel alone !!

" बस चार दीवारें और मैं"!!

हमम!! मानती हू ,
अंतरंगी सी हू मैं!!

Rude हू , irritate हो जाती हूँ !!
मगर कोशिश रहती है मेरी ,
सब को खुश रखने की !!
Uhmmm!! I need those persons .....
"जो मुझे समझे "!!!

" मुझे मेरे behavior से judge न करें" !!
यह दौरे मुझे पड़ते रहेंगे !!
" थोड़ा deeply जाए और मुझे समझे मुझे""
And one more thing is special power ,!!
मेरे चेहरे पर हस्सी लाए !!
" मुझे कभी alone feel ना होने दे"

हमम!! मैं जब करू किसी और की बातें तारीफ या घूमने जाऊँ
किसी और के साथ , !!
Of course jealous करे !!
" खुद मुझे hurt ना करे"
मैं जुबान की काफी कच्ची हू ,
नादान सी बच्ची हू !!
गुस्से में filmy dialouge बोल जाती हूँ ,!,
मगर दिल में कुछ होता नहीं मेरे !,

बोल जाऊँ मैं जब भी गुस्से में ,
प्यार से समझाए,
गले से लगाए ,
रो दू अगर मैं ,
मुझे चुप कराए ,
मुझे हँसाए॥

59. बात 2020 की ....

हाँ ! हाँ 2020 किसी को याद कहाँ होगा । कुछ था ही ऐसा था जो कभी किसी ने ना सोचा था की इस भाग - दौड़ वाली ज़िन्दगी कभी हम एक जगह में बंद भी होंगे ।

यह 20-20 उस क्रिकेट मैच 20- 20 जैसा ही रहा । जो किसी को नहीं पता था की ज़िन्दगी भी कब क्या मोड़ ले लेगी ।

तो लॉकडाऊन से एक महीने पहले की बात है । मेरे चाचू की शादी थी । तो शादी के तुरंत कुछ दिन बाद हमारी १०वी की परीक्षा थी । मगर बात अभी शादी की करते है तो मुझे अक्सर ऐसे समारोह में उपस्थित होने का मन नहीं करता बिलकुल भी ! जहाँ मैं किसी को नहीं जानती । मगर शादी चाचू की थी घर की शादी है जाना तो था ही । शादी के ढेर सारे रिश्तेदारों के बीच मैं अकेली । चलो जैसे तैसे करके पहला दिन गुज़रा अगले ही दिन स्कूल में मेरा गणित की परीक्षा थी ।तो घर में शादी भी थी अच्छा बहाना मिल गया स्कूल न जाने का । परीक्षा से बचने के लिए मुझे चाचू की शादी में जाना सही लगा। बारात का दिन था , सज - धज कर पहुंची । शादी की रस्में हुई और बारात रवाना हुई ।

हम तो घर थे तो कुछ अजब - गजब हुआ । रिश्तेदारों के भीड़ में मेरे से चाय माँगवाई गई । इधर मैं जिसने आज तक कभी खुद के लिए पानी का गिलास तक भरके न पिया फिर भी रिश्तेदारों के लिए मैं चाय ले आयी फिर भी उनके नखरे हज़ार फिर चाय रसोई घर में रखकर आ गई । फिर माँगा गया पानी वो तो एक बात है की पानी ही खत्म हो गया था । फिर चुप होकर मैं बैठ गई मगर मैं उनके साथ सहज नहीं थी ।

फ़रवरी 29 तारीख थी (अधिवर्ष का महीना) तो सर्दी के मौसम

में जब उस दिन धूप निकली तो एक अजनबी संग छत पर चली
गई। हाँ उस वक़्त अजनबी ही थे तुम ।

छत पर जाकर बैठ गए। । वक़्त गुज़ारना था कैसे भी । तो याद
है उस वक़्त खुद का फोन न हुआ करता था । तो साथ में जो
अजनबी था उसने वक़्त गुज़ारने के लिए अपने फोन की पूरी
गैलरी मुझे दिखा डाली । छत की ऊपर वाली छत पर जाना मना
था । ये जानकर भी हम छत में गए जहाँ जाना मना किया गया
था । फोटो क्लिक करवाने के लिए ही सही मगर गये थे । हाँ ये
बात सच है ऊंचाई से डरने वाली हूँ मैं ।

एक बार भी ना कह पाई के इतनी उपर जाने से मेरी दिल की
धड़कन और भी तेज हो जाएगी।

ऐसे ही हमने पूरा दिन गुज़ारा था । दुपहर का खाना हम ने साथ
खाया था , सुबह से शाम , शाम से रात कब हुई इस बात की न
कोई उसे खबर थी न मुझे पता चला । साथ उसका यूही अच्छा
लगने लगा था ।

: चाहे मकसद सिर्फ उस वक़्त को कैसे भी बिताना था ।

रात हुई तो वो मेरे साथ ही मेरे घर । मैं ऐसी हूँ की बहुत जल्दी
किसी के साथ घुल-मिल जाती हूँ । बातों बातों में ज़िन्दगी के कुछ
लम्हें कुछ और बातें जो एक अजनबी से पहली मुलाकात में ही
विश्वास नहीं किया करते मगर मैं नादान थोड़ी कर जाती हूँ ।

ऐसी ही एक रात में बातें करते करते वो भी हमारी आवाज से
किसी को परेशानी न हो मोबाइल में टाइपिंग करते हुए बात किये
जा रहे थे । वो एक ही मोबाइल जो उसका था । टाइपिंग करते
करते सो गए थे ।

सुबह होते ही तैयार होना था समारोह जो था । तैयार हो कर पहुँच
गए वही शादी वाले घर ।

अब यह शादी का आखरी दिन था । मगर न जाने क्यों उस
अजनबी से दूर जाने का डर पूरे समारोह में सता रहा था । एक
पल भी दूर जाना मुनासिफ न लग रहा था । उसी दिन बहुत रोई

थी मैं । अब ये कहूँ डी जे सिस्टम से दिल को तकलीफ हो रही थी या उसके जाने से ।

मुझे अच्छा नहीं लगता रोना । मगर ना जाने क्यों इतना रोई थी मैं । हम्म मुझे दर्द इसलिए हो रहा था क्यूँकि वो अजनबी थोड़ा थोड़ा अपना लगने लगा था और ना जाने क्यों फिर दूर जाने वाला था ।

जैसे जैसे शाम आ रही थी । वैसे वैसे मेरा मन बेचैन हो रहा था। मगर हाँ उस दिन वो घर नहीं गए तो इस बात से मैं खुश हो गई थी उससे वो रात मैं नाराज़ सी भी हो गई थी फिर ना जाने क्यों उसकी आंखे भी नम सी हो गई थी ।

मैं जो दिन में रोने में विलीन हो गई थी तब मैं रात को जल्दी सो गई थी । फिर सुबह मुझे स्कूल जाना था और उसे अपने घर जाना था । ये दो दिन की मुलकात मुझे मरते दम तक याद रहेगी और किसी से दूर जाने का दर्द भी ।

वो दर्द आज भी मैं महसूस कर सकती हूँ । जो कभी किसी दूर जाने से नहीं हुआ वो दिल में हो रही कसक किसी और के दूर जाने से नहीं और यह आंखे भी यह भी किसी के दूर जाने से नम ना हुई ।

और बात तो पहली मुलकात में दूर हो जाने तक भी मगर न जाने उस दिन क्यों यह आंखे नम सी रही । उस में मिलने को यह दिल हर पल चाहने लगा और जो दूर जाने तक मेरी उदासी न जाने क्यों किसी और के जाने से न आई ।।

60. अगली मुलाकात

याद है मुझे जब तुमने सुबह सुबह अपनी लाइव लोकेशन व्हाट्सप्प की थी मुझे! जो आ रही थी मेरी ओर उस वक़्त मानो एक बार फिर से चेहरा मेरा फूलों की तरह खिल सा गया । मगर कुछ वक़्त बाद ही वो स्थान किसी और शहर में होने का बताने लगा ।

दिल एकदम से टूट सा गया , और मैं सब कुछ अनदेखा करने लगी और इंस्टाग्राम में व्यस्त हो गई। तब एक रीत नाम की लड़की जुड़ी हुआ करती थी उस समय! और वो उसके बारे में बात करती थी । पता नहीं क्यों मुझे आज भी यही लगता है , वो मेरे दिल की बातें जानने के लिए इच्छुक और कोई नहीं , जैसे लगा की वो तुम ही थे ।

मैं अक्सर ही तब उस से बातें किया करती थी और सब कभी - कभी बता भी दिया करती थी । वो बोल जाती थी के वो तुमसे बेहद प्यार करती है , मगर मैं सब सुन चुप हो जाया करती थी । उसी दिन भी लाइव लोकेशन भी कुछ और शो होने लगी तो मैं उसके साथ व्यस्त हुई और तुम्हें नज़रअंदाज़ किया ।

तुम्हारे सन्देश आने पर कि " कहाँ हो तुम ? मैंने गुस्से में बोल दिया तुम कौन ? यह कहकर मैंनेयह कहकर मैंने मोबाइल स्विचऑफ कर दिया और शाम के वक़्त तेरा घर आ जाना , क्या बताऊँ, कैसे जताऊं । गुस्सा तो तुम्हें देखकर ही गायब हो जाता है । मगर मुझे भी फिर नखरे किये बिन चैन कहाँ आना है न । मुँह फुलाए कभी इधर तो कभी उधर ।

मगर शाम ढलने ही हर बार की तरह मेरे नखरे । भाव खाने खत्म होते है , उस रात ढेर सारी बातें हुई और उस दिन वो भी गुफ्तगू

फरमाने लगा और सब गिले सिकवे खत्म किए गए ॥

मगर सुबह होते ही वही हर बार वाली बेचैनी!! यह सोचकर कि जाने का वक़्त हो चला और ना- जाने अब कब, मुलाकात होगी,, अब! वही दिल दिल में हर बार वाली कसक, मगर इस बार एक नयी उम्मीद लेकर कि जल्द अगली मुलाकात होगी चेहरे पर एक मुस्कान लेकर उसे उसके शहर के जाने वाले रास्ते की तरफ रवाना किया गया,,॥

और फिर से वही ऑनलाइन, ऑफलाइन,, होने का सिलसिला शुरू हुआ ॥

मगर इस बीच कभी यह न समझी थी मैं के कब से ना jaane इतनी मोहब्बत सी हो गयी मुझे !!

और जिंदगी का एक नया दौर , नयी मुलाकातों का सफर शुरू हो गया ॥

एक मुलाकात के बाद दूसरी मुलाकात का इंतजार ॥

और अखिरकार उसने भी अपने दिल की बातें बताना शुरू किया !!

चाहे बोलने से चुप रहना अच्छा लगता है उसे, और बस मेरी बातें ही सुनना बस मेरा बोलते जाना पसन्द है उसे!!

मगर धीरे- धीरे अपनी दिल की बातें भी अब बताने लगा है !!!

अब वो भी गुफ़्तगू फरमाने लगा है ॥ हर बार मुझे sirf सुनने वाला उस दिन बोल रहा था और मैं उसे सुनने में खोयी सी हुई थी ! जैसे उस ने पहली दफा कोई लफ्ज़ बोला हो !

और उस वक़्त बिना किसी मजाक मस्ती के दिल की बातें कही जा रहा था जैसे बरसों से वो सब अल्फाज़ दिल में दबाए बैठे हो!

बस पूरी दुनिया से दूर और उसके और मेरे दरमियाँ बातें सब!

किसी के दिल में मेरे लिए इतनी मोहब्बत उसके वो अल्फाज़ उफ्फ्फ !!! कातिलाना बस दिल पे वार सा कर रहे थे किसी के दिल में मुझे खो जाने का डर तो उसी वक़्त मुझे भी उससे दूर हो जाने का डर खा रहा था और उसके अल्फाज़ तो जैसे प्यार बड़ा रहे थे !! दिल चाहता था आज वो ही बोले और मैं ! मैं उसे सुनती

जाऊ बस सुनते जाऊँ......

चाहे वो बोलता कभी कभी ही है , मगर मुझे भी उसको सुनना पसंद है जब बात हमारी हो !

वो अक्सर ही मेरे दोस्तों से थोड़ा चिड़ सा जाता है , जैसे उसे पसन्द नहीं मेरे दोस्त वैसे ही मुझे भी उसके करीब में कोई भी इन्सान पसन्द नहीं ... वो अलग बात है मैं इन बातों को खामोशी ब्यान कर अनदेखा कर जाती हूँ ,, मगर अंदर ही अंदर दिल मेरा भी जलता है ॥

मगर हाँ! यकीं है मुझे जो सिर्फ मेरा है वो सिर्फ मेरा ही है ॥

61. लॉकडाऊन में मुलाकात

उस पहली मुलाकात के बाद ऑनलाइन , ऑफलाइन हो जाने का सिलसिला जारी रहा ।

कभी- कबार अगर उसके पास वक़्त होता तो बातें भी हो जाती थी ।

लॉकडाऊन था तो कोई पता न था कब मुलाकात होगी ।
लॉकडाऊन में दिन गिन -गिन कर गुज़र रहे थे । परीक्षा में मिलने की योजना रद्ध हुई! इस लॉकडाऊन के वजह से; और उसके घर जाने का योजना भी । अब बंद हुए शहरों में बस दूर बैठे कभी बात हो जाती और छोटी सी बात को लेकर रूठ जाना और ब्लॉक होना भी देखा गया उन दिनों में!! उस वक़्त तो ये कह दूँ तो लॉकडाऊन में डिप्रेस्ड थी तो काफी बार मैं भी उसे बिन वजह बोलकर सताने लगी थी ।

उस वक़्त हर वक़्त बस उसका ही ख्याल । मगर एक दिन बिन बताए लॉकडाऊन में वो घर आ गए । मेरे ख़ुशी का कोई ठिकाना न था । ऐसी ख़ुशी किसी को दोबारा देखकर नहीं हुई और मुझे उस वक़्त यकीं नहीं हो रहा था । वो जान मेरी मेरे सामने है, हाँ! अजनबी नहीं! उसे मिलाने पर उस अल्लाह का हाथ है और साथ है । उससे मिलने से पहले ज़िन्दगी जीनी छोड़ चुकी थी । मर मर कर जी रही थी ।

मग़र उसके आने के बाद जिंदगी जीना आ गया!!. जिंदगी जीने के लिए एक वजह- सी मिल गयी ॥ तो लॉकडाऊन में मेरे साथ काफी दिन गुजारे ॥ हम अक्सर ही बिना बात के पूरा दिन एक दूसरे से नाराज रहते तो, शाम होते ही एक ही असमान के नीचे सोते ॥

मेरा उन रातों को तारे गिनना , तेरा कुछ न बोलना , बस मुझे सुनना!! वो दिन लाकडाऊन के जब जिंदगी बस कुछ वक्त ही दे रहीं थीं मुझे!! तूने उस वक्त आ जीना सिखा दिया || तेरे साथ बीता एक - एक पल वो हसीन था || बस दिल यही चाहता था! वो वक्त उसी वक्त बस तेरे मेरे दरमियाँ थम- सा जाए!! वो दूर जाने का वक्त कभी न आए! मगर!!

मगर अभी जाना जरूरी होता है, एक बार फिर से मेरे पास आने के लिए मेरे चेहरे पर मुस्कान लाने के लिए!! करीब हो तो बस उस वक्त भी यह दूर हो जाने का डर खाए जाता है , करीब हो जब वो तो बस उसे देखकर प्यार ही आए जाता है ! उसकी आँखों में देख कर बस मदहोश- सी हो जाती हूँ , उसे देखकर खो - सी जाती हूँ, पूरी दुनिया भूल जाती हूँ उसे देखकर तो बस वो और कोई नहीं!! ऐसे आकर्षित हो जाती हूँ उसकी खुशबू अहा... उसकी खुशबू मुझे मोहित कर लेती है ! ऐसी खुशबू मैंने कभी किसी से smell नहीं की ! ऐसी मोहित कर लेने वाली खुशबू .... वो खुशबू उसे और भी खास और सबसे अलग बनाती है मेरे लिए ... मेरी जिंदगी में ऐसा इन्सान पहले न था कोई जिसके लिए इतनी दीवानी हुई मैं ..... !!

मगर , न जाने हमारी मोहब्बत किसी को मुनासिब होगी जा नहीं ! मगर यह बात तो तय है, जिंदगी पूरी नाम है उसके और मरते दम तक रहेगी ,अब चाहे कुछ भी कर एक साथ होना पड़े हर एक कीमत पर कर जाएगे ... और हमारी यह प्रेम कहानी पूरी करेंगे........

आमीन....

62. 16 Jan 2021

वो सर्दी का मौसम, 16 जनवरी हम्म याद है !! याद है । साल के
पहले दिन तो नाराज़ थे किसी बात को लेकर ।

मगर पहले दिन की नाराज़गी और 2021 की मुलाकातें और प्यार
हर मुलाकात के साथ - साथ बढ़ता ही जा रहा था ।

तो इस बार मिलकर तय की गई थी। इस दिन 16 जनवरी को
मेरे घर सभी शादी में जा रहे थे, तो मेरे और उसके बीच जब यह
बात हुई तो तय किया गया मैं या तो बीमार होकर बहाना बनाकर
घर रहूँ या कुछ और बहाना बनाकर और मुझे पता था घर वालों
का कि मैं बीमार हूँ तो वो फिर भी कुछ न कुछ कर मुझे साथ ले
जाएँगे । तो मेरी तरह से बहाना बनाया गया कि उस दिन मेरी
परीक्षा है तो यह बोलकर उस दिन स्कूल गई । मगर पूरा दिन
एक तरफ तो खुशी में कि मुलाकात होगी और एक तरफ की
बेचैनी किन जाते मुलाकात होगी भी कि मगर दिल को ये भी
यकीन था की अगर मुलाकात का बोला है तो कुछ भी कर आएंगे
जरूर । स्कूल की छुट्टी रास्ता राही हुई तो पुरा सोचती आ रही
थी कि न जाने मिलना होगा भी कि ना कि अगर न मिलना हुआ
तो यह दिल टूट जाएगा ।

: घर पहुंची तो सब शादी में जा चुके थे और घर में किसी को न
देखकर मेरा मुँह लटक सा गया । तो कुछ खाना बनाने गई तो हर
बार की तरह वाला झटका , वही खुशी मेरे ख्याल से यह पहली
बार था जब मैंने उसको गले लगाया हो और उस खुशी के वक़्त
जुबान से एक ही लफ़्ज़ आया कब , कहाँ , कैसे ? आए और उसे
देखकर जो हुआ वो अजीब सा एहसास और बस उसे ही देखते
जाना , थोड़ा हंस देना , थोड़ा शर्मा जाना और तेरे करीब आ कर

बैठ जाना जैसे एक जन्नत सा मिल गई हो । तुम्हें अपने खयालों में बसाना , वो कभी किसी ओर के लिए नहीं सिर्फ एक तुम्हारे लिए और तेरे करीब आकर जो तेरी खुशबू में डूब सी जाती हूँ।

उस दिन ऐसा लगा जैसे सपना मेरा पूरा हुआ ता - उम्र साथ रहने का मगर फिलहाल वो एक मुलाकात थी मगर 2021 की हसीन मुलाकात । यहाँ सिर्फ तुम और मैं ।

सर्दी के मौसम में वो सर्द हवाएं तक एहसास नहीं हुई तेरे संग कब तक बीता पता ना चली ।

अक्सर दिल चाहता है तो समय वो वक़्त तेरे मेरे दरमियाँ थम सा जाए ।

मुलाकात के बाद वो होने दूरी कभी न आए ।

वो हसीन दिन ! लाजवाब ! सर्द मौसम में सूरज का आना और तेरा साथ होना आहा ! हाँ ! बाकमाल ! उस दिन तेरे करीब करीब रही ।

जब दूर होते है तब तो ऑफलाइन ऑनलाइन होते होते छोटी छोटी बातों को लेकर नोक -

झोक का सिलसिला जारी रहता है । मगर जब एक साथ होते है तब सिर्फ तेरी मेरी नज़दिकिया ।

ऐसे ही कब 2 दिन बीत गए वक़्त का पता नहीं चला और अगले दिन सुबह- सुबह दोनों का तैयार होना और तेरा एक बार फिर अपने शहर का रास्ते की तरफ चलें जाना ।

हर बार वाली दिल की बात करके मेरी उदासी , बेचैनी मगर साथ एक उम्मीद की एक दिन यह दुरी हमेशा खत्म करेंगे मिलकर ।

हर पर , हर दफा एक साथ रहेंगे थोड़ी नोक - झोक होगी जरूर , मगर सूरज की पहली किरण के साथ और ढलती शाम के साथ, गर्म मौसम तो सर्द हवाओं के साथ, पतझड़ की बहारों के साथ !!

रूठना तेरा! मुँह फुलाना तेरा, अह.... 36 प्रकार बनाना तेरा थोड़ा हंसकर मानना मेरा.....

और कभी कभार बहुत ज्यादा रूठ जाना मेरा .....

मगर हर बार तुझे चाहना मेरा.... ..
पूरी जिंदगी साथ इसे ही हँस्ते एक साथ बीत जानी है ॥

और प्यार यह हर मुलाकात की तरह हर दिन बढ़ेगा और मुलाकात
बरकार रहेगी .....

आमीन.....

63. 5 july 2021

इस बार थोड़ा ज्यादा वक्त लग गया था मुलाक़ात को मगर आखिरकार मुलाकात होई ।। इस वक्त एक बार फिर से लाकडाऊन था मगर सिर्फ रुकूल बंद थे तो हम अक्सर घर ही हुआ करते थे, इसी वक्त कोई मुलाकात का plan न बना और इसी दौरान Exam हुए मेरे online और submit भी तो करने थे न तो school घर वालों की जगह एक दोस्त के साथ जाने की सोची और मुलाकात का होना निशचित किया गया।। मुझे अक्सर उसे मुलाक़ात यह कुछ घंटे की नहीं कुछ दिनों की पसंद है क्योंकि कुछ घंटे मिलना एक सपना -सा लगता है और वो सपना कुछ घंटे बाद टूट सा जाता है।। तो स्कूल को जाते वक्त एक प्यारी -सी मुस्कराहट मैं अकेले -अकेले फरमा रही थी।। वही अजब -गजब वाली खुशी जैसे दुनिया की हर खुशी आ गई हो मेरे पास ऐसा ही अहसास होता है उस से मुलाकात करने तक ।। Finally रुकूल पहुंची और वो उससे करीबन 10 min पहले वहां थे।। मैं हरडबडी में उनके पास जाते- जाते रास्ते में फोन भी गिरा गयी ,,,मगर उसके पास जाने वाली खुशी मेरी मुस्कराहट , जो उसे मिलकर होती है, कभी किसी और कि मिलने से यह चिहरा नहीं खिला मेरा ।। गर्मी थी और मुलाकात हुई तो मौसम और गर्मी और खुशनुमा -सा हुआ ।। करीब वो घंटे की मुलाकात एक सपने की तरह लग रही थी।। इस बार दोने को ही अपने- अपने शहरों के रास्तों की तरह जाना था और जान- सी निकल रही थी, दूर जाते तक कि न जाने अब , कब मिलेंगे।। मगर एक उम्मीद को साथ चल , चल पड़े अपने रास्तों की और मगर एक दिन जल्द ही हमारे रास्ते एक होंगे ।। तब कभी दूरी न होगी , न दूर जाने का ग़म ।।

64. 21July 2021

21July 2021

जुलाई का महीना और 21 तारीख । पता न था जल्दी ही मिलेंगे ।
यह दौर वही लॉकडाऊन का था , जब स्कूल ही सिर्फ बंद थे , तो
हम जैसे कहीं छात्राए बोर हो रहे थे तो कई उस बोरियत को दूर
करने के लिए कोचिंग सेंटर में शामिल हो रहे थे । तो मैंने भी
ज्वाइन किया । मुलाकात तब आसान कह जाना भी मुश्किल था ।
क्यूँकि सेंटर के सर पूरी खबर रखते थे छात्रों की । तो एक दिन
मैंने भी टयूशन परीक्षा देकर बँक की क्लासेस और चल पड़ी बस
स्टैंड की और यहाँ मुझे उसे मुश्किल से ढूंढना पड़ता था ।
क्यूँकि हर बार की तरह शायद ही बोला था इस बार भी की अगर
आऊंगा बोला तो आएगा । तो मैं बिंदास टयूशन में परीक्षा दे रही
थी और अचानक से सन्देश आया मोबाइल में " कहाँ हो तुम ?
" आई नहीं क्या ?
मैं जाऊं वापस
और इधर मैं परीक्षा देने में खो सी गई थी तो अचानक मोबाइल
देखकर दोस्त को रिप्लाई करने बोलती हूँ और फिर जल्दी पहुँचती
हूँ उसके पास ।
सार्वजनिक जगह था और मेरे क्षेत्र के सब लोग करीबन मिल जाते
है तो एक रेस्टुरेंट में जाया गया यहाँ कोई भीड़ शोर नहीं था ।
बस कुछ वक़्त साथ गुज़र रहा था। फिर अपने अपने शहरों के
तरफ रुख किया गया । मगर आज उस वक़्त मुझे पहले जाना था
और बस मन था की उसके पास ही ठहर जाऊं ।
कहीं और जाने का मन ना था मगर फिलहाल तो नहीं न , दूर

जाना था न दिल को दिलासा देकर चल दिए अपने सफर की ओर
।
इस दिन था स्कूल में function. हमारी बात तो हुई थी कि
मुलाकात होगी हमारी, मगर sure नहीं था कुछ!
अगर समय लगा तो मुलाकात होगी ।। इस दिन celebration
करना था हम सब ने कि मैं books में as a co-author हूं तो
मुझे इंतज़ार था उसका मगर काफी वक्त गुजरा मगर कोई न
आया।। Auditorium में performance शुरू हो गई ।। गर्मी का
मौसम था और पूरे Auditorium में clg और दोनों स्कूल के
विद्यार्थियों की भीड़ वजह से मुझे गर्मी आ रही थी और घवराहट
।। ज्यादा भीड़ में मेरा दम घुटता है तो मैं चल पड़ी Auditorium
से बाहर ।। और बाहर सामने उसे खड़े देखकर हर बार की तरह
आंखों पर यकीन न आया ।। वही पागलपन , पागलों जैसी बातें
और पागलों जैसी हरकतें ।। मगर दोस्तों के साथ उसे लेकर थोड़ा
uncomfortable सा feel कर रही थी । और यह सोचकर भी के
वो भी uncomfortable feel कर रहे होंगे।। और अगर वो साथ है
तो कुछ समझ भी न आता कि क्या करूं ।। बस उस दिन कभी
इधर कभी उधर ऐसे करते ही वक्त गुजारा ।। कभी top floor पर
classroom में बैठकर ।।हाँ सच!!उस दिन Ring बदलीं गई ।।
मुझे एक प्यारी -सी पायल भी पहनाई गई।। यूं तो सब moment
ही हसीन होते हैं जो हो उसके साथ ।। हर एक पल हसीन जो है
उसके साथ ।। पूरा दिन कब गुजरा और घर जाने का वक्त कब
आया पता न चला।। कब यह घड़ी इतनी जल्दी दौड़ी ।। पहली
बार एक ही बस में सफर किया, जाने वाला रास्ता ज्यादा Long
लगता है मगर उस दिन रास्ता कब बीत गया न जाने।। हमम!!!
हमें यह छोटी मुलाकातें अब अक्सर एक सपना सा लगने लगी थी
। जो पल भर में हमें साथ और पर भर में दूर कर देती थी।। तो
कुछ मिनटों की मुलाक़ात जो एक पल में हमें दूर कर देती थी।।
तो कुछ मिनटों की मुलाक़ात जो एक पल तो चेहरा मुस्कराहट तो

दूसरे पल उदास -सा कर जाती थी।।मगर कभी यह सोचा न था ;
कोई अनजान ! अजनबी इस दिल में इस तरह से बस जाएगा ।
जो हर दिन, हर रात , हर पल याद आएगा ।। किसी से मैं इतना
Attach हो जाऊंगी।। हर दफा उसे चाहोगी !!! हर पल उसे मिलने
की चाहत कर जाऊंगी !!! हर बार मुलाकात के बाद दूसरी मुलाकात
का इंतजार।। उसकी एक झलक पाने की चाह!! उसे सोचकर तो
चिहरे पर आ जाने वालीं खूबसूरत सी मुस्कराहट आह !हां ।
"एक लफ्ज़ में ब्यान करूं!!

अगर उन्हें ,,

मेरा सूकुन है मेरा वो !!!"

65. 12Sept 2021

अरे ! यह मुलाकात क्या बोले इस मुलाकात के बारे में तो । इस मुलाकात के पहले मैं यह बोल चुकी थी की मेसेज करके आज के बाद कभी नाम ना लेना , बात न करना , सामने न आना और काफी कुछ ।

यह मेरी ज़ुबान कहाँ रहती कुछ भी कह जाती है । उन दिनों मैं हफ्ते की छुट्टी पर घर में ही तेज़ बुखार और नज़रों से बुरा हाल था और उसी दौर में परीक्षा भी आने वाली थी और वैसे भी मैं घर से बाहर नहीं जाती । और बीमार थी काफी दिनों से तो इसीलिए भी बाहर नहीं जाती थी मगर उसी दिन काफी बेहतर महसूस कर रही थी और उसी दिन उसका घर आना हुआ और मैं किस मुँह से जाती बाहर तो बस आराम फर्मा रहीं थीं अपने कमरे में । मैंने हिम्मत की बाहर जानी की और ना जाती तो घर वालों की डॉट भी पड़ती ।बस मन बना ही रही थी कि बाहर से आवाज आ गई और बस उसे अनदेखा कर वापस कमरे में आ गई । हम्म ! हम्म डॉट तो फिर लगी ही न ।

यह कह दूँ कि मुझे मेरी बाते कहने का दुःख भी था बस नज़रे नहीं मिल पा रही थी मेरी अब !!

चलों पास आकर मनाने की कोशिश की गई । मगर मैं कहाँ मेरे तो नखरे नहीं संभालते ना ।

अरे ! अरे ! मानो तो भी किस मुँह से !! इसी मुँह ने तो बोला था सामने न आना, बात मत करना उफ्फ उफ्फ!!!

ऐसे ही साथ बैठे घंटा बीत गया तो आखिर में फिर उनका मनाना हुआ और फिर मेरा मानना भी हुआ !!!

यूँ तो पता है सबको एक मिनट का होता है गुस्सा मेरा मगर

सिर्फ उसके उपर!!

गुस्सा भी और प्यार भी उसके साथ मानने में नखरे हजार हो
जाते मगर मान जाती हूँ । अब सामने इतना क्यूट सा , प्यारा सा
इंसान मनाएं तो नखरे भी होंगे और मान भी जाऊंगी ना ।
उस दिन कमरे से बाहर का सफर हुआ ... बस यही छत पर जाना
उस दिन मौसम भी बड़ा बेईमान हो रहा था ... उफ़फ!! वो ठण्डी
हवाए आहह!!.....
उन ठण्डी हवाओं को महसूस किया गया ....
और गहरी सोच में डूब सी गई थी मैं तो बस ....
के बारिश आने वाली थी और उनका अपने शहर की तरह रुख
हुआ ... काश! वो बारिश कुछ मिनट पहले आई होती वो तेज़
बारिश ... मग़र......!!
मगर यह मुलाक़ात भी कुछ घंटों की ही महमान थी! शाम को
सफर हुआ उनका फिर वही उम्मीद एक नई मुलाकात की ।।

66. 1.December 2021

हाँ !हाँ! 1 दिसंबर मेरा जन्मदिन और इस दिन के लिए पागल होती हूँ मैं पूरे साल, कि कब यह दिन आए । मगर इस साल वो ख़ुशी नहीं थी क्यूँकि मुझे सिर्फ एक इंसान की तलाश होती है इस दुनिया की भीड़ में और किसी तौहफों की जरुरत नहीं होती । बस एक वो शख़्स के बिना । मुझे पूरे दुनिया में और किसी की तलाश नहीं ।

अब उसके बिन सब अधूरा सा लगता है । पूरे दुनिया में एक ही वो शख्श जो दिल को भाता है । उसे देखकर अक्सर खो- सी जाती हूँ । उसके ज़िन्दगी में आने के बाद मानों एक बाहर सी आ गई हो ।

एक जन्नत सी मिल गई हो । उसे अपने कुछ अल्फ़ाज़ों से बयां नहीं कर सकती हूँ मैं ।

उसके साथ वक़्त का पता नहीं चलता । कब गुज़र जाता है उसके बिन एक एक पल सालों सा लगता है उसके बिन ।

जो जन्मदिन पर मुझे बस वो चाहिए था , उसका साथ चाहिए था ।

मगर उसने बोला था की " यार आएगा न जाएगा ! सच बताऊँ तो इसी वजह से हर बार की तरह जन्मदिन की खुशी नहीं थी । मुझे ढेर सारे तोहफों के बदले उसका साथ चाहिए था , चाहे वो कुछ समय तक ही क्यों न हो ।

उस दिन जन्मदिन की मुबारकबाद वाले सन्देश सबके पढ़ने के लिए 12 बजे तक भी नहीं जागी थी । बस मोबाइल को वाइब्रेशन मोड पर लगाकर साथ में मोबाइल लिए करीब 7 बजे ही सो गई थी यूँही इतने जल्दी नहीं सोती ।

बस ये ख्वाब था मेरे मन में वो शख्श मेरे दिल के करीब काश मेरे साथ होता ।

करबीन आँख मेरी लग चुकी थी । मेरी नींद इतनी गहरी होती है की सुबह की हज़ारों आवाजों को सुनकर ही खुलती है। मगर उस दिन उसकी एक कॉल से मेरी आंखे खुल गई थी ।

यू तो सब अपनी नींद हराम करके मुझे जनमदिन की बधाईयाँ दे रहे थे । स्टेटस लगा रहे थे मगर मैं सबको अनदेखा करके मैं सिर्फ उसके ही जन्मदिन की मुबारकबाद का सन्देश पढ़के खुश हो रही थी ।

" मुझे तुम सबसे ज्यादा माइने रखते हो ,
वो बात अलग है , तुम समझते नहीं ।

पूरा दिन बस आम दिनों की तरह चलें गया । शाम के वक़्त तक उसका इंतज़ार किया । मगर बस घरों में लाइट्स ऑन हो गई थी और मैं अपने आप में मस्त होने के लिए अपने कमरे को सजाने लगी । किसी को क्या खबर थी उस अँधेरे रात को कब घर का दरवाजा खड़कता मगर उसकी वक़्त बेल बजी ।

मुझे एहसास तो हुआ उसके आने की आहट सी महसूस हुई । मगर फिर मेरा दिल बोला "क्या पागलों की तरह सोच रही है पूरे दिन से " इस वक़्त आखिर कौन आएगा । कमरे में कभी इधर तो कभी उधर मस्त थी मैं । तो अचानक कमरे में उसका आना हुआ ।

मेरे वही लफ्ज़

अरे ! तुम ?

कैसे ?

कब ?

किस तरह ?

ऐसा क्या किया ?

और बस उसकी एक मुस्कुराहट और मुझे देखना । उसके बाद बस साथ बैठकर वही बोली जाना की आखिरकार कैसे सब किया "।

ऐसा क्या किया !

बस उसका मुझे देखना और खूबसूरत सी मुस्कान फरमाना ।
हम्म ! अक्सर हमारी मुलाकात में वो बस सुना करता है और मैं !
मेरा बस बोलना ! बोलना ! और बस उसका मुझे सुनते ही जाना ।
कभी मुझे देखना तो कभी थोड़ा मुस्कुराना । कभी प्यार भरी
नज़रों से मेरी रूह को छू जाना और उसकी नज़रे !
नज़रे तो बस कह रही हो " बस तू यही थम सी जा , मेरे पास !
बस मेरे पास बैठकर कुछ न कुछ बोलती जा और खिल खिला ।
और उसके पास से आने वाली खुशबू !!

आह ! खुदा ही जाने आखिर वो खुशबू है क्या ! मुझे नहीं पता
?अगर कोई परफ्यूम है तो क्या ब्रांड है वो । मगर न जाने क्यों
ऐसी खुशबू किसी और से न आयी । उस खुशबू से जैसे मानों मैं
खुद के काबू में ही नहीं रहती ।बस उसके साथ उसके करीब
बैठकर न जाने क्या क्या बोलती जाती हूँ । अकसर उसे करने
वाले शिकवे उसके पास आने पर भुल सी जाती हूँ । बस उन
मिलों की दूरियों में दूर बैठकर ही मुँह बनाती हूँ ।
मगर कितना भी नाराज़गी ज़हिर कर जाऊं । मगर बस मैं उसे ही
चाहती हूँ ।
हाँ ! ना तो उसके सामने और न इन चंद अल्फाज़ो से अपने दिल
की गहराइयों को बयां कर जाती हूँ ।
मगर सच कहूँ तो बस एक उसे ही चाहती हूँ !
यह 2020 से शुरू हुआ मोहब्बत का सफर 2021 भी मुकम्मल
कर गया ।
और मुझे यह सफर कुछ दिन , कुछ महीने , या कुछ सालों तक
नहीं चाहिए । मुझे यह सफर मेरे आखरी सांस तक मुकम्मल
करना है और यह मुकम्मल तब ही होगा जब आखरी सांस तक
दोनों की चाह होगी ।
हाँ 2020 तो दूर बैठे बातों में और कुछ मुलाकातों में गुज़र गया
।और 2021 प्यार भरी मुलाकतों में ,

अब देखना तो यह है 2022 आखिर क्या कर जाएगा ।
क्या ! इस मोहब्बत को पूरी या अधूरा छोड़ जाएगा ?
क्या ! आगे भी कुछ कर जाएगा ?
या मुकम्मल हो पाएगा ?
आगे क्या होगी कहानी हर दिन की अपडेट पाए अल्फ़ज़ों में
Must Follow
Insta Id : Writer _ Anmol_ Kauldhar